AF451521

DECHAUME, Éditeur, rue Charlot, 27, à Paris.

UN
DÉLUGE D'INVENTIONS,
REVUE DE L'EXPOSITION DE L'INDUSTRIE,
VAUDEVILLE EN TROIS ACTES,

PAR MM. BARTHÉLEMY, JOUHAUD ET BRICET,

REPRÉSENTÉ, POUR LA PREMIÈRE FOIS, A PARIS, SUR LE THÉATRE DES DÉLASSEMENTS-COMIQUES, LE 28 JUILLET 1849.

ACTE PREMIER.
L'ARCHE DE NOÉ.

PERSONNAGES.	ACTEURS.
NOÉ, patriarche............	MM. THEOPHILE.
CHAM, son fils............	LACHEVRE.
JAPHET, id.	TAXILE.
SEM, id.	FÉLICIEN.
LEURS FEMMES.	Mlles AZÉMA.
	LEONIE.
	MARIE.

Le théâtre représente l'intérieur de l'Arche. — Des paquets, des ballots, de vieux meubles, disposés sans ordre, encombrent toutes les parties de la scène. — Avant le lever du rideau, on entend le bruit de la pluie qui tombe avec fracas, et le sifflement aigu du vent.

SCÈNE I.

NOÉ, CHAM, JAPHET, SEM et LEURS FEMMES. (*Au lever du rideau, Noé et toute sa famille sont endormis, couchés çà et là, au milieu du désordre qui règne dans l'arche. Noé se fait remarquer par ses ronflements. — Musique en sourdine.*)

CHAM, *couché et s'éveillant.* Pauvre père ! comme il pionce !... ce n'est pas étonnant... hier au soir il a bu un peu plus que d'habitude. (*Se mettant sur son séant.*) Ah ! mon Dieu ! je n'avais pas remarqué cette posture... équivoque... (*Il se lève, prend un manteau, et va en couvrir Noé.*) De cette façon, il ne ronflera plus d'une manière indécente.... (*Il se recouche.*) Il fait déjà grand jour.... n'importe ? achevons ma nuit... (*A peine est-il couché, qu'un effroyable vacarme se fait entendre; ce sont des vagissements, des mugissements, etc. — Cham se relève avec humeur.*) Allons, bon ! voilà des animaux de toute espèce contenus dans la satanée arche, qui font chorus avec mon ronfleur de père !...

NOÉ, *rêvant.* A la garde ! au voleur !...

CHAM. Il a le cauchemar, à présent !...

NOÉ. Au feu ! au feu !...

CHAM. Quant à ça, il n'y a pas de danger... c'est pas l'eau qui manque...

NOÉ, *sortant de dessous son manteau, et courant tout autour du théâtre, couvert d'un simple maillot chair.* Cham ! Japhet ! Sem !.. enfants, venez à moi !...

CHAM, *le suivant.* Père, reviens à toi !..... (*Sem, Japhet et les femmes, effrayés, se sont levés précipitamment*).

SEM, *effaré.* Hein ?... qu'y a-t-il ?

CHAM. Notre père qui marche en dormant...

JAPHET. Tu te trompes, Cham... il dort en marchant...

CHAM. Serait-il *somniloque* ?

NOÉ, *s'éveillant.* Qu'est-ce qui parle de loque ?.... (*Regardant autour de lui*). Ah !... c'est vous, enfants ?...

CHAM. Sans doute, père...

Air de Calpigi.
De ta terreur je sais la cause...
NOÉ.
Voyons, explique-moi la chose ?...
CHAM.
Nos animaux, dès le matin,
Par habitude ont toujours faim !
NOÉ.
Je rêvais !... rien n'est plus certain.
Que l'on dise encor que tout songe,
D'après le proverbe, est mensonge ..
Près des bêtes je me croyais...
(*Entourant tendrement ses enfants de ses bras.*)
Et c'est près de vous que j'étais ! (*Bis.*)

CHAM, *ému.* Ce bon père !...

NOÉ, *les repoussant.* Assez de tendresse comme ça... — Allez donner la pitence quotidienne aux animaux, afin de les empêcher de crier de la sorte...

CHAM. Hum !... c'est une corvée qui n'est pas sans péril...

NOÉ, *haussant les épaules.* Péril, en la demeure... du vieux Noé ?... allons donc !... n'a-t-il pas apprivoisé les bêtes féroces, pour les introduire dans l'arche ?

CHAM. Je sais bien, mais ..

NOÉ. Obéissez !... — Vous reviendrez ensuite m'aider à ranger tout ici.... car bientôt nous décamperons de cette arche, notre refuge, notre patrie !...

JAPHET. Oh ! cette patrie ! une arche !

NOÉ. Pourquoi n'y aurait-il pas de *patrie, arche* ?...

CHAM. C'est juste... puisque tu en es un, père...

JAPHET. Quant à moi, je ne serai pas fâché de sortir de cette boîte...

LES FEMMES, *vivement.* Ni moi non plus !

CHAM. Voilà quarante jours, à peu près, que nous moisissons la dedans...

NOÉ. Il est de fait que ça sent furieusement le renfermé ici... (*Ouvrant de petits sabords.*) Donnons-nous de l'air...

CHAM. Ah ! si c'était possible !...

NOÉ, *à ses fils qui étendent les bras en dehors des sabords.* Eh bien, pleut il encore ?

SEM. Toujours !...

NOÉ. Affreux temps !...

CHAM. On ne mettrait pas un chien dehors...

NOÉ. A propos de chien ! et ma colombe que j'ai envoyée à la découverte, est-elle revenue ?...

CHAM. Non...

NOÉ. Me l'aurait-on accommodée aux petits *pois* ?... on n'en est pas *chiche* dans cette saison....

CHAM. La pauvre bête sera plutôt restée le bec dans l'eau... car la propriété d'une colombe, c'est le vol...

NOÉ. Que j'ai bien fait, en ce cas, de prendre depuis un canard pour messager .. Au moins, c'est un être amphibie qui connaît les principes de la natation... — En attendant son retour, allez aux bêtes, enfants... et laissez-moi consulter mon grand livre des prophéties. (*Il va prendre un petit livre.*)

CHŒUR.

Air: *Allons que l'on s'apprête.* (Fil de la Vierge.)

Laissons à sa lecture (*bis*)
Le meilleur des parents ;
Et donnons la pâture (*bis*)
Aux hôtes de céans...

Les enfants de Noé et les femmes sortent.

SCÈNE II.

NOÉ, *seul.*

C'est l'*Almanach liégeois*.... — Voyons !
(*Lisant.*) « Quand il pleut le jour de la Saint-
» Médart, il pleut pendant quarante jours. »
— C'est que ça y est... cette fois, Mathieu
Laensberg n'a pas menti... Heureusement
que voici la quarantième journée qui commence... Ce soir, sans doute, la pluie aura
cessé, si j'en crois encore la prédiction du
savant prophète de Liège... voilà ce qu'il
ajoute : (*Il lit.*) « Après l'orage vient le beau
» temps... » — Quelle science profonde !....
— (*Continuant.*) « L'arc-en-ciel en annonce
» presque toujours le retour... » — (*Prêtant
l'oreille.*) Eh ! mais, il me semble que ça
tombe moins fort déjà... — (*Quelques gouttes
lui tombent sur le nez.*) Qu'est-ce que c'est
que ça ?... Eh bien, nous sommes joliment à
l'abri, ici !... (*Il s'essuie.*) Maudit déluge !...
Après ça, j'ai tort de me plaindre, puisque
moi seul j'ai été épargné, ainsi qu'un échantillon de chaque espèce d'animaux vivants.

Air de *Partie et Revanche.*

Je ne sais si, dans sa sagesse,
Le Seigneur a bien réfléchi...
Sur terre, il veut que chaque espèce
Se perpétue à l'infini...
Il le veut, ce doit être ainsi !
Mais pourquoi donner la survie
Aux animaux par mes soins entassés ?
En fait de bêtes, je parie,
Qu'on en trouv'rait toujours assez,
On en trouv'rait toujours assez !

Quant à ces objets, j'en aurai facilement
le placement... — J'ai du temps devant
moi, je vais les mettre en ordre (*Bruit au
dehors.*) — Mais quel bruit !..

SCÈNE III.

NOÉ, CHAM, SEM, ET LEURS FEMMES.

CHAM, *se tenant la hanche et poussant des
cris de douleur.* Oh ! là là !... Maudit animal... va !...

NOÉ. Qu'est-ce ?...

CHAM. Ton damné tigre, qui, sous prétexte
que je l'avais fait jeûner, m'a empoigné la
hanche... Oh ! aïe !...

NOÉ. Comment !... mon tigre apprivoisé ?...

CHAM. Joliment... oh !...

NOÉ. Un animal qui mange dans la main...

CHAM. Je ne sais pas s'il mange dans la
main, mais il ne mord pas mal dans... autre
chose... Aïe !...

NOÉ. Allons, enfants, aidez-moi d'abord à
boucher les fissures de notre arche... l'eau
pénètre partout...

Air : *Il pleut, il pleut, bergère.*

Il pleut, il pleut dans l'arche !
Pour vos femmes, pour vous,
Enfants du Patriarche,
Bouchez bien tous les trous !
TOUS, *chantant, en bouchant les fissures.*
Il pleut, il pleut dans l'arche, etc.

NOÉ. Maintenant, occupons-nous de ces
caisses de ces ballots, qui contiennent notre
fortune future !

CHAM. A propos, tu ne nous a pas encore
dit, papa, quels sont ces objets....

NOÉ. Je vous expliquerai ça plus tard, ainsi
que les destinées qui nous attendent après
le déluge... — Avant tout, informez-vous si,
à défaut de ma colombe, mon canard voyageur est rentré.... Tiens ! en parlant de canard, je n'aperçois pas Japhet... où est-il...

CHAM. Il s'amuse à pêcher à la ligne, par
une des ouvertures de l'arche...

NOÉ. Je le lui avais défendu !... Il ignore
donc que c'est pour avoir trop péché que tous
les humains viennent d'être engloutis !...
Que ceci vous serve d'exemple, ô mes fils !...
(*A ce moment, des cris Au secours ! se font
entendre derrière la coulisse.*)

NOÉ. D'où viennent ces cris ?... (*Noé et sa
famille vont regarder au fond par les sabords.*)

CHAM. J'aperçois un objet animé qui barbotte dans l'eau...

LES FEMMES. Ah ! mon Dieu !..

NOÉ. Est-ce un homme, ou un marsouin ?

CHAM. C'en est un !...

NOÉ. Un marsouin ?...

CHAM. Non !... un homme qui se noie !...

NOÉ, *nonchalamment.* Laissons le faire...

SEM. Regardez, il fait la planche !..

NOÉ, *avec autorité.* Retirez-vous, mesdames !

CHAM. Il demande la perche, et à entrer...

NOÉ. Gardez-vous bien de lui porter secours !... — D'ailleurs, il n'y a plus de
place ici...

CHAM. Écoutez, il parle !...

NOÉ. Hein ?... que dit-il ?... (*Passant la
tête par le sabord.*) Vous demandez l'hospitalité ?... impossible ! ça m'est défendu... Je
ne vous donnerais pas même un verre d'eau...

CHAM, *s'écriant.* Mais, père, c'est notre
frère Japhet !.. je le reconnais à sa voix !...

NOÉ. Japhet ! l'imprudent !.. vite, qu'on
le repêche !... (*On s'empresse de jeter par les
sabords une foule d'objets pour servir au noyé
de moyen de sauvetage. Musique en sourdine.*)

NOÉ, *vivement.* Ne touchez pas à ma collection !.. cette simple corde à puits suffit.

CHAM. Tu prends donc notre frère pour un
seau ?..

NOÉ. En trois lettres... (*On a tendu une
corde à Japhet, que l'on monte, et que l'on
dépose sur la scène.*)

SCÈNE IV.

LES MÊMES, JAPHET. (*Japhet est ruisselant
d'eau ; une immense anguille de mer est
enroulée autour de son corps. — Peu à peu,
il reprend ses sens.*)

CHAM. Pauvre frère !... il ouvre un œil !...

SEM. Il en ouvre deux !...

NOÉ. N'en demandez pas davantage... li
est sauvé !...

CHAM, *à Japhet.* Ah ça, raconte-nous ton
aventure.

JAPHET. Imaginez-vous que j'étais en train
de pêcher... tout à coup, un requin qui cherchait à se sauver comme les autres animaux,
mord à l'hameçon !... je veux le tirer ! je
perds l'équilibre et il m'entraîne par son
poids !...

LES FEMMES. O ciel !...

JAPHET. Non, dans les flots !... Alors, je me suis trouvé face à face avec une foule de bêtes plus ou moins féroces qui me regardaient toutes comme un imbécile... c'est-à-dire, comme des imbéciles... la peur leur avait fait perdre l'appétit... toutes n'avaient plus qu'un instinct, celui de la conservation... Et voilà comment je suis revenu sain et sauf..

NOÉ. Rends-en grâce au ciel qui a conservé tes jours... Sais-tu pourquoi?... c'est parce qu'il te réserve, ainsi qu'à tes frères, une importante mission sur la terre!...

LES FEMMES, *avec curiosité*. Quelle mission, papa?...

NOÉ. Ça ne vous regarde pas, mes 'ames... ou plutôt, si... ça vous regarde un peu aussi... mais ce n'est pas devant vous que je veux entrer dans ces détails... Quand je serai seul avec vos maris, à la bonne heure!... Auparavant, j'ai une communication à vous faire... Ce soir, probablement, nous quitterons tous cette arche pour parcourir la terre et la repeupler...

LES FEMMES, *vivement*. Comment ça, papa?

NOÉ. Pour la seconde fo s, je vous répète que je ne m'expliquerai à cet égard que devant mes fils... Asseyez-vous autour de moi, et écoutez!... je vais vous dévoiler mes projets... Je commence... (*A Japhet.*) Mais, je fais une réflexion... auparavant, va te changer, mon garçon...

JAPHET, *se regardant, il est en maillot-chair*. Me changer?... tu oublies, père, que, comme toi, comme mes frères, comme ces dames, je por e toute ma garde-robe sur moi?...

NOÉ. Admets, alors, que j'ai dit une bêtise...

JAPHET. Je sais trop le respect que je te dois pour te démentir...

NOÉ. Mes enfants! au commencement du monde...

CHAM. Oh! père, passe au déluge...

NOÉ. Soit... Vous saurez donc qu'à ce moment j'ai ramassé sur la terre, tout en faisant ma collection d'animaux, une quantité innombrab es d'objets abandonnés le jour où les pluies ont commencé... c'était ce fameux déluge, annoncé depuis si longtemps aux humains. Ceux-ci, effrayés, ont quitté leurs demeures pour aller se réfugier sur les montagnes. Les villes se sont trouvées désertes tout à coup! Tout ce qu'elles contenaient de plus précieux a été laissé à la discrétion du premier venu!... Comme j'étais le dernier venu, je m'en suis emparé, en tout bien tout honneur... C'est donc une trouvaille que j'ai faite... voilà tout...

CHAM. S'il existait encore des tribunaux, père, ta trouvaille serait considérée comme un vol... le vol au déluge...

NOÉ. Du tout... la loi est formelle, du reste...

Le Digeste le prouve,
Un trésor appartient à celui qui le trouve.

CHAM. Et que comptes-tu faire de cette pacotille de bric-à-brac?...

NOÉ. Une branche d'industrie, de commerce, pour vivre...

JAPHET. Hélas! le commerce est flambé!

CHAM. Dis plutôt qu'il est noyé...

NOÉ. Il reviendra sur l'eau... Alors je me présenterai devant les hommes, parmi lesquels il y aura beaucoup de jobards, j'aime à le croire; je leur ferai passer ces objets comme étant de mon invention; puis je les leur échangerai contre de l'or!...

CHAM. C'est fort bien; mais je suis curieux d'apprendre à qui tu vendras ces produits, puisque, ce soir, le dernier homme aura vécu...

JAPET. Cham a raison...

NOÉ. Que vous êtes niais, mes fils!... Est-ce que vous vous imaginez que la terre va rester inhabitée?... Vous êtes appelés à la meubler...

TOUS. Nous!...

CHAM.

AIR : *Ou allez-vous, M. l'abbé?*

Explique-toi plus clairement...
N us ne comprenons pas comment...

NOÉ.

Ignorance profonde!
Eh bien!
C'est en r'peuplant le monde...
Vous m'entendez bien!

Faut-il vous mettre les points sur les *i*?...

LES FEMMES. Nous sommes tout oreilles!...

NOÉ, *aux femmes*. Arrière, mesdames!... C'est vous précisément qui, par pudeur, ne devez pas entendre les petits secrets que j'ai à confier à vos époux...

LA FEMME DE CHAM. Nous nous doutons bien de ce que ça peut être...

NOÉ. Vous êtes des impertinentes! Retournez vaquer à vos travaux de ménage, et tenez-vous prêtes à partir! car le prochain retour de mon canard sera le signal du dégourpissement... Allez! (*Les femmes sortent.*)

SCÈNE V.

LES MÊMES, hors LES FEMMES.

NOÉ. Avant de continuer, venez çà que je vous gronde, mes fils!...

CHAM. Pourquoi donc, p'pa?...

NOÉ. Paresseux! bons à rien! n'avez-vous pas de honte... à votre âge? Vous voulez donc me laisser mourir sans progéniture?...

LES FILS, *interdits*. Mais, p'pa...

NOÉ. Comment! je vous marie, et c'est comme ça que vous vous comportez!...

LES FILS. Dam', p'pa...

NOÉ. Taisez-vous!... A cent cinquante ans, ne j'a encore avoir d'enfants!..Quelle faute... Avec quoi voulez-vous que je rende au monde ses habitants?... Est-ce moi qui puis me charger de cette besogne à six cents ans et demi?

CHAM. Écoute donc, p'pa...

NOÉ. Silence!... Voyez mes oies, mes dindons... ils sont plus avancés que vous... Et, que diable! vous n'êtes pas plus bêtes que des oies!...

JAPHET. Tu t'imagines ça...

NOÉ. Paix!... Si, dans le plus bref délai, je n'ai pas une population nouvelle pour me conformer aux ordres que j'ai reçus et écouler mes produits, vous aurez affaire à moi...

CHAM. Je comprends... il te faut des jobards... comme tu disais tout à l'heure...

NOÉ. Je n'ai d'espoir qu'en vous!... Il me tarde d'entrer en relation avec eux! de faire du commerce, en un mot!..

JAPHET. Je crois qu'il se a difficile de leur persuader que ces articles sont de ton invention, père, car, enfin, tu n'as jamais rien inventé...

NOÉ. Comment! je n'ai rien inventé! Et

vous ?... est-ce que vous n'êtes pas un de mes produits ?...

JAPHET. Oh! tu ne dois pas espérer un brevet d'invention pour ça...

CHAM. De perfectionnement, je ne dis pas...

NOÉ. Est-ce que je ne suis pas l'inventeur breveté de la vigne ?...

CHAM. Ah! oui... le vin... ce sera le plus clair de nos revenus...

NOÉ.

AIR : *J'en guette un petit.*

C'est une invention sublime!
Et dans mille ans encore, je prédis
    Que je posséderai l'estime
    Des pochards de tous les pays...
    Pour moi, c'est un honneur insigne!...
    Dieu sait ce qu'on verrait, hélas!
    Si prudemment je n'avais pas
    Inventé la feuille de vigne! (*Bis.*)

Ainsi vous m'avez entendu... Croissez et multipliez...

JAPHET. Ça suffit, p'pa....

CHAM. Nous tâcherons...

NOÉ. Chut! voici vos femmes... C'est désormais un secret entre elles et vous...

SCÈNE VII.

LES MÊMES, LES FEMMES.

LA FEMME DE CHAM. Peut-on entrer ?...

NOÉ. Oui!...

LES FEMMES. Nous sommes prêtes.

NOÉ. Et pas de nouvelles de mon canard ?...

CHAM. Ah ben, oui... des navets...

NOÉ. Est-ce qu'on l'aurait mis aux navets ?... (*Un gloussement se fait entendre au dehors; l'orchestre joue l'air des Canards.*)

TOUS. C'est lui !...

NOÉ, *avec joie.* Mon canard ! (*Ils se précipitent tous à l'une des ouvertures.*)

NOÉ *prend l'animal dans ses bras, le baise, le tapote, en signe de joie. Viens, mon estafette fidèle !*

CHAM. Mais, voyez donc, ses ailes ne sont pas mouillées !...

TOUS, *avec joie.* C'est qu'il ne pleut plus...

NOÉ. Tiens! que porte-t-il à son bec ?... Une affiche. (*Il prend le papier, le déroule : c'est une affiche jaune. — Lisant.*) « C'est le 8 juillet. Peuple, on te trom e!» (*Parlé.*) Ah! mon Dieu! (*Lisant.*) « Le véritable chromo-duro-phane, pour mettre en couleur les appartements, se trouve toujours chez l'inventeur (1), rue... »

CHAM. Où diable a-t-il été pêcher ça ?...

NOÉ. Allons, enfants! ne perdons pas de temps, et déménageons au plus vite!... Surtout, n'oublions pas le grand parapluie de famille !...

CHOEUR.

AIR : *Sonnez, cloches de not' village.* (Fil de la Vierge.)

Partons tous, quittons enfin l'arche!
Que d'agrements nous s'ront offerts!
Sous la conduit' du Patriarche,
Allons parcourir l'univers !

Pendant le chœur, chacun court, s'empare d'un objet; Noé veille à tout et aide ses fils à emporter les ballots, etc. — Les animaux, dans la coulisse, recommencent leurs cris. — Après le chœur, Noé, ses fils et leurs femmes défilent devant le public. — Tableau animé. — La toile tombe.

(1) VIARD, rue Saint-Martin, 54.

ACTE DEUXIÈME.

NOISY-LE-SEC.

PERSONNAGES.		ACTEURS.
DUFOUR, maire............		MM. BOURGUIGNON
GRINCHET,		RENAUD.
CABOCHE,	paysans.	AUGUSTIN.
NICHETTE,		Mlle ADÈLE.
FALEMPIN,		MM. FRÉVILLE.
NOÉ............		THÉOPHILE.

CHAM, JAPHET, SEM.

LEURS FEMMES, UN ADJOINT, PAYSANS, etc.

Le théâtre représente la grande place du village de Noisy-le-Sec. — A droite, dans une niche, la statue décapitée d'un saint.

SCÈNE PREMIÈRE.

GRINCHET, CABOCHE, NICHETTE, HABITANTS DU VILLAGE. (*Au lever du rideau, les habitants, réunis sur la place, sont prosternés devant la statue.*)

CHOEUR.

AIR de *la prière de Zampa.*

Saint Médard, protége-nous!
Un peu d'eau nous sauv'rait tous !

GRINCHET. C'te fois, l'ciel prendra-t-y pitié de not' sécheresse ?... Dire que depuis quarante jours, il n'a pas tombé une goutte d'eau à Noisy-le-Sec!...

CABOCHE. C'est inouï dans les fastes de Mathieu Laensberg!...

GRINCHET. Et Dieu sait pour combien de jours nous en avons encore!...

NICHETTE.

AIR : *De sommeiller encor.*

Quand les hirondell's ras'nt la terre,
C'est signe d'eau, dis'nt nos parents...

CABOCHE.

Dans l'air ell's s'élèv'nt, au contraire,
Ça nous annonce du beau temps.

NICHETTE.

A quoi faut-il que l'on se fie?

GRINCHET.

Un indice bien plus certain,
C'est qu' tous les marchands d' parapluies
Ont quitté Noisy ce matin.
Oui, tous les marchands d' parapluie
Ont quitté Noisy ce matin. (*Bis.*)

Ce qui m'effraie, c'est que nous risquons tous d'avoir la pépie!...

NICHETTE. En vérité?

GRINCHET. Déjà, plusieurs habitants en sont morts!... et, pas plus tard que ce matin, le père Trinquefort a éprouvé une attaque...

NICHETTE. De pépie?

GRINCHET. Ah! mon Dieu! oui...

CABOCHE. C'est une véritable *pépidémia*!...

GRINCHET. Notr' maire est parti hier pour Paris, afin de consulter m'sieur Arago, l'astrologue...

CABOCHE. Y nous avait promis d'être de retour à c'matin...

NICHETTE. Eh! t'nez! j'l'apercevons là-bas, à la tète des notables de l'endroit!...

GRINCHET. Oui... les *aristos* de la localité...

CABOCHE. Nous allons savoir à quoi nous en tenir...

SCÈNE II.

LES MÊMES, DUFOUR et SON ADJOINT, NOTABLES. (*Tout le monde court au-devant du Maire, on l'entoure, etc. — Dufour a l'air consterné.*)

TOUS. Eh! ben, m'sieur Dufour ?...

GRINCHET. Que vous a dit m'sieur Arago, l'astrologue?...

DUFOUR. Rien!...

TOUS, *anéantis*. Rien!...

DUFOUR. Attendu que je n'ai pas pu pénétrer auprès de lui... Je me suis présenté chez d'autres savants... même résultat. . Depuis la république, ces messieurs ne s'occupent plus de ce qui se passe dans les astres... ils ont d'autres mystères à débrouiller sur la terre...

GRINCHET. Ça, c'est vrai!... c'te gueuse de politique absorbe tout!...

DUFOUR. Je me suis rendu ensuite à l'Exposition de l'industrie, dans l'espoir d'y trouver quelque machine hydraulique de nouvelle invention, qui pût nous asperger pendant une couple d'heures, puisque aujourd'hui l'art remplace si bien la nature... Rien! rien que des *clysos* qui, malgré leur bonne volonté, ne pourraient remplir que très-imparfaitement le but que je m'étais proposé.

GRINCHET. Nous sommes donc maudits?...

DUFOUR. J'ai pourtant rencontré deux de mes amis qui m'ont assuré qu'en pareil cas, il n'y avait, pour désarmer la colère céleste, que deux choses à faire : ordonner des prières de quarante heures et passer une revue de la garde nationale...

CABOCHE. Tiens! tiens! tiens!

GRINCHET. Écoutez donc, les remèdes les plus simples sont souvent les meilleurs...

DUFOUR. A cet effet, je me suis entendu déjà avec le curé de la paroisse et le commandant du bataillon cantonal. Ces mesures énergiques ne peuvent manquer d'avoir d'heureux résultats...

GRINCHET. Sans doute... Si ça ne fait pas de mal, ça ne peut pas faire de bien...

DUFOUR. En attendant j'ai fait placer Falempin en observateur, dans le haut du clocher; je lui ai confié ma lunette d'approche, avec ordre de venir m'avertir au moindre petit nuage qu'il verra poindre à l'horizon...

AIR du *Ménage de garçon*.

Pour les habitants du village,
Il n'est, en ce triste moment,
Pas de vrai bonheur sans nuage...

CABOCHE.

C'est ce qu'on répète souvent...

GRINCHET.

Moi je désespère à présent,
A nos maux il n'est pas de trève,
Puisqu'il le faut, résignons-nous...
Car avant qu'un nuag' ne crève,
Je crois que nous crèverons tous.
Avant qu'un nuage ne crève,
Il est sûr que nous crèv'rons tous.

DUFOUR. Eh! tenez!... Falempin peut m'entendre d'ici... Je vais le questionner... M. l'adjoint, donnez-moi mon porte-voix.... (*Le Maire lève ses regards vers la gauche; tous les Habitants font de même.*)

DUFOUR, *appelant dans le porte-voix*. Ohé! Falempin?...

FALEMPIN, *dans le lointain*. Ohé!...

TOUS. Il a répondu!...

DUFOUR, *dans le porte-voix*. Ne vois-tu rien venir?...

FALEMPIN, *au lointain*. J'aperçois tout là-bas, là-bas, une grande poussière!...

DUFOUR. Ça ne m'étonne pas... Et encore?...

FALEMPIN. Je distingue un immense parapluie qui marche tout seul!...

DUFOUR. Un parapluie! quelle est cette mystification? Et encore?...

FALEMPIN. Je vois un troupeau d'animaux; des hommes et des femmes sont au milieu!... ils ont des tournures cocasses... avec de larges chapeaux...

DUFOUR. Quels peuvent être ces individus?...

GRINCHET. Si c'étaient des porteurs d'eau?...

CABOCHE, *regardant par la gauche*. Quelqu'un approche!...

SCÈNE III.

LES MÊMES, NOÉ, *couvert d'une redingote à la propriétaire et les jambes nues.*

NOÉ, *s'avançant, un cep de vigne à la main, et regardant autour de lui d'un air ébahi.*

AIR d'*Aristippe*.

Salut, clocher de ce village,
Que d'aujourd'hui, seulement, j'entrevois !
Salut, murs que j'ai l'avantage
D'envisager pour la première fois !
Ce ne sera pas la dernière fois.
Salut, maisons hospitalières !
Salut, pavés, que je foule en tous sens !
    DUFOUR, *qui l'a examiné, bas aux paysans*.
Quand il aura bien salué les *pierres*,
    Peut-être il salûra les *gens*.
Quel singulier personnage !...

GRINCHET. En effet...

DUFOUR, *s'approchant de Noé*. Que voulez-vous... l'homme?... Car je suppose que vous êtes étranger dans le village. .

NOÉ. Oui... très étranger... Mais, permettez-moi de vous adresser une simple question...

DUFOUR. Adressez, vieillard, adressez...

NOÉ. Vous avez donc aussi échappé au déluge, vous autres?

DUFOUR. Est-ce pour nous humilier, que vous nous dites ça?...

NOÉ. Nullement... Depuis que j'ai abandonné mon arche, sur le mont Ararat, en Arménie, une arche qui avait trois cents coudées de long, cinquante de large, et trente de haut...

DUFOUR. Qu'est-ce qu'il nous chante là?...

NOÉ, *continuant*. Depuis, dis-je, que j'ai abandonné mon arche, c'est la question éternelle que j'adresse aux habitants des villes et des campagnes que je rencontre sur mon chemin... Je croyais que le déluge avait été universel... C'était une erreur... Que le genre humain était à refaire...

DUFOUR, *aux paysans*. Je crois que c'est lui qui voudrait nous *refaire* (*A Noé.*) D'abord, de quel déluge nous parlez-vous?... Il y en a eu sept, d'après Cuvier, M. de Buffon, et autres naturalistes...

NOÉ. Je vous parle de celui dont j'ai été témoin...

DUFOUR. Vous?... Allons! vous êtes toqué, mon brave homme!...

NOÉ, *dignement*. Respectez les cheveux blancs d'un vieillard, municipal!... car j'avais six cents ans lorsque le déluge a commencé...

GRINCHET, *à part*. Il vit donc comme les éléphants?...

NOÉ. Je suis Noé, votre père à tous'...

TOUS, *s'écriant*. Noé!...

NOÉ.

AIR de la *fanfare de Saint-Cloud*.

Oui, Noé le patriarche,
Connu dans le monde ent er.

Propriétaire de l'Arche,
Et de tout son mobilier !
J'y comptais maint locataire,
Quand Dieu, pour tout repeupler,
Dès méchants purgea la terre !

DUFOUR, *bas aux paysans.*
Voudrait-il nous faire aller ?

GRINCHET, *bas à Dufour.* Il n'a pourtant pas une figure à ça...

DUFOUR, *aux paysans.* Oh !... j'y suis !... (*Il part d'un immense éclat de rire, tout le monde en fait autant.*) (*A Noé.*) Ah ! vous prétendez être Noé ?...

NOÉ. Mes fils, que j'ai laissés à l'entrée du village, pourront vous le certifier !...

DUFOUR. Ce n'est pas une raison... (*Bas, aux paysans.*) Il ne faut pas l'irriter... c'est, sans doute, un fou echappé de Charenton... flattons sa manie... (*Haut, à Noé.*) Vous disiez donc, bonhomme, que vous avez assisté au déluge ?

NOÉ. J'en porte encore les traces sur moi... (*Il se secoue, et l'eau ruisselle autour de lui.*)

DUFOUR, *vivement.* Vous apportez de l'eau ?... Soyez le bien-venu !... depuis quarante jours, il n'en est pas tombé une goutte ici... même le jour de la Saint-Médard !...

NOÉ. Vous m'étonnez. (*A part, en regardant les assistants.*) Moi qui désespérais de rencontrer des jobards pour placer mes produits... les voilà tout trouvés !... Appelons mes fils. (*Appelant.*) A moi, Cham ! Sem ! Japhet !... venez tous !...

DUFOUR, *regardant par la gauche.* Ah ! bon Dieu ! qu'est-ce qui nous arrive là ?...

TOUS. Voyons donc !...

SCÈNE IV.

LES MÊMES, CHAM, JAPHET, SEM, *et* LEURS FEMMES.

(*Les hommes sont couverts de vieux paletots ; les femmes portent des espèces de tartans, et ont également les jambes nues.*)

LES FILS DE NOÉ. Nous voilà, p'pa !...

CHŒUR, *en les examinant avec surprise et en riant.*

AIR : *Polka de l'Arche Marion.*

Les drôl's de figures !
V'là d' quoi s' réjouir !
Avec leurs tournures,
D'où peuv'ent-ils venir ?

NOÉ. Permettez que je vous présente mes enfants...

DUFOUR. Ah ! ah !...

NOÉ. Celui-ci, c'est Cham, mon fils aîné...

DUFOUR. Ah ! monsieur est le célèbre caricaturiste ?...

CHAM. Hein ?... comment ?...

DUFOUR. Eh bien ! oui.. Cham... qui fait des caricatures si drôles sur M. Proudhon...

CHAM. Connais pas.

NOÉ. Mon second fils est Japhet...

DUFOUR. Homme *déjà fait*...

JAPHET. Mais pas trop.

NOÉ. Mon troisième est Sem, très-bon horticulteur...

DUFOUR. Je comprends... monsieur *Sem*... pour recueillir.

NOÉ. Quant à ces dames, ce sont leurs femmes...

DUFOUR, *d'un ton d'ironie.* Enchanté, monsieur Noé, de faire connaissance avec votre intéressante famille !... Mais, à mon tour, mon cher, souffrez que je vous fasse une question...

NOÉ. Parlez, municipal !

DUFOUR. Dans quel but voyagez-vous depuis si longtemps ?

NOÉ. Dans le but, d'abord, de repeupler le monde...

DUFOUR, *montrant les assistants.* Vous voyez que nous avons pris les devants... Ensuite ?

NOÉ. Ensuite, je viens doter les mortels d'inventions nouvelles dont seul je possède le secret...

DUFOUR. Ma foi, vous arrivez on ne peut mieux !... précisément Paris, en ce moment, a mis au service de tous les industriels en renom un palais splendide, où chacun d'eux a la faculté de montrer aux yeux d'un public connaisseur les produits de son imagination !

NOÉ, *vivement.* Ma fortune est faite !...

DUFOUR. Sans doute, si vos inventions sont originales.

NOÉ. Jamais les humains actuels n'ont vu cela !...

DUFOUR. En vérité ! (*Riant, à part.*) Il est étonnant !...

NOÉ. C'est pendant mon séjour dans l'arche sainte que j'ai mis en ordre tous ces objets...

DUFOUR. Donnez-nous-en un aperçu, en nous disant en quoi ils consistent.

NOÉ. D'abord, voici un cep de vigne...

DUFOUR. De la vigne ?... Nous avons mieux que ça...

NOÉ. Impossible ! puisque c'est moi qui l'ai inventée !... et je vais vous dire dans quelles circonstances : je m'imaginais que j'allais mourir comme les autres... c'était mon idée fixe... — *Chasse-la*, cette idée, me dit le Seigneur... c'est ce qui m'a fait penser à la vigne...

DUFOUR. Mais nous l'avons perfectionnée... Après ?

NOÉ. J'ai ensuite des animaux rares...

AIR : *Mon père n'est plus le concierge.*

Tels que des mulets et des ânes...

DUFOUR.

Nous avons ça...

NOÉ.

Des oi's, des canards et des cannes...

DUFOUR.

Nous avons ça...

NOÉ.

D'oiseaux un' quantité sans bornes !

DUFOUR.

Nous avons ça...

NOÉ.

Bref, beaucoup de bêtes à cornes !

DUFOUR.

Nous avons ça ! (*Bis.*)

NOÉ. J'ai aussi le plan d'une petite république, inconnue jusqu'alors... car, dans mon arche, nous vivions en république... c'est moi qui ai inventé la république peu *démocratique* et pas du tout *sociale*.

DUFOUR. Nous avons encore ça...

NOÉ, *déconcerté.* Ah ça, vous avez donc de tout ?

DUFOUR. Ah ! dam', la civilisation et l'industrie ont marché depuis le déluge...

GRINCHET. Le progrès a fait des progrès...

NOÉ. Eh bien ! je ne le croirai que quand je l'aurai vu !...

DUFOUR, *aux autres.* Est-il entêté, ce maniaque !

NOÉ. Parce que j'aime à comparer, voyezvous !

DUFOUR. Rien de plus facile... allez à Paris !

NOÉ. Je n'y connais personne.

DUFOUR. Je vous y accompagnerais bien si, à cause de cette affreuse sécheresse, ma place n'était pas ici, au milieu de mes administrés.

GRINCHET, *bas, à Dufour* Comment, monsieur le maire, vous iriez à Paris avec ce cerveau fêlé ?

DUFOUR. *bas.* Oui! quand ce ne serait que dans l'espoir de le guérir de sa monomanie...

NOÉ. Ne vous désolez pas!... d'un moment à l'autre, il peut pleuvoir... je m'y connais... d'ailleurs, mes cors ne m'ont jamais trompé.

DUFOUR. Que le ciel vous entende! Mais que nous veut Falempin?

SCÈNE V.

LES MÊMES, FALEMPIN.

FALEMPIN, *accourant.* M'sieu l' maire! m'sieu l' maire!

DUFOUR, *vivement.* Qu'y a-t-il?

FALEMPIN. Réjouissez-vous!...

DUFOUR. Pourquoi?

FALEMPIN. Depuis une heure, du haut de mon observatoire, j'ai aperçu un petit nuage.

TOUS. Un nuage!

FALEMPIN. Gros d'abord comme une lentille; ensuite il est devenu large comme le champ de pommes de terre à mère Simonne!

TOUS. Quel bonheur!

FALEMPIN. Puis il a grandi, grandi, au point qu'il obscurcit déjà le soleil!...

DUFOUR, *regardant.* C'est ma foi vrai!

TOUS, *de même.* Nous sommes sauvés!

DUFOUR. C'est un orage qui se prépare!

NOÉ. Ma présence vous a porté bonheur! Alors, vous consentez à m'accompagner?

DUFOUR. A l'instant!... Je cours faire atteler mon cheval avant la pluie.

CALOCHE. M'sieur le maire, je viens de recevoir une goutte d'eau sur le front!

GRINCHET. Et moi sur le nez!

NICHETTE. Et moi sur... mon fichu! (*Tous étendent les bras, les mains, etc., et, en signe de joie, ils se mettent à danser en rond autour de Noé.*)

CHOEUR, *en dansant.*
AIR : *Quel tapage effrayant.*
Il pleut! il pleut! il pleut!
Gar' la sauce!
Le ciel nous exauce!
Il pleut! il pleut! il pleut!
Voilà d'l'eau! qu'est c' qu'en veut?

Noé a ouvert son grand parapluie, sous lequel il s'abrite, lui et sa famille. — Tableau.

ACTE TROISIÈME.

LES CHAMPS-ÉLYSÉES.

PERSONNAGES.	ACTEURS.
NOÉ..... ..	M. THÉOPHILE.
DUFOUR, maire............	M. BOURGUIGNON.
LE GÉNIE DE L'INDUSTRIE...	Mlle ESTHER.
LE GÉNIE DE L'EXCENTRIQUE	Mlle SOPHIE.
UNE BOUQUETIÈRE........	Mlle MATHILDE.
UN BOUVIER.............	M. MANVILLE.
UN GARDE MOBILE	Mlle ANGELINA.
PATTET....	M. RENARD.
UNE PORTE.............	M. TANDE.
UNE CROISÉE.............	Mme LECHOVOST.
UNE JALOUSIE.............	Mlle ADÈLE.
UN HORLOGER.........	M. MIKEL.
UN MARCHAND DE SAVON...	M. LACHEVRE.
UN MARCHAND DE CUIRS....	M. FREVILLE.
L'HOMME-FONTAINE.... ...	M. FELICIEN
LA POMME..	Mlle ALICE.
L'ANANAS.............	Mlle AZEMA.
LA PÊCHE.	Mlle MARIE.
LA CAROTTE......	Mlle STEWART.
LE CHOU FRISÉ...........	Mlle LÉONIE.
LA POMME DE TERRE.......	Mlle PARIS.
UN INDUSTRIEL..........	M. ROC.

Un MANNEQUIN. — Un MARCHAND DE MELONS. — Un TAMBOUR. — INDUSTRIELS. — SOLDATS. — PEUPLE.

Le théâtre représente les Champs-Élysées.

SCÈNE PREMIÈRE.

(*Au lever du rideau, on voit le public faire queue à la porte de l'Exposition*)

CHOEUR.
AIR : *A nous la victoire!* (Ô amitié)
Vive l'industrie!
Grâce à ses bienfaits,
La mère-patrie
Est riche à jamais!

Plusieurs individus chargés de produits industriels cherchent à pénétrer; ils sont repoussés par les sentinelles.)

LA SENTINELLE. On ne passe pas!...

UN INDUSTRIEL. Comment? nous ne pouvons pas entrer?.. Mais, c'est indigne! c'est infâme!...

TOUS. Nous entrerons!... nous entrerons!...

SCÈNE II.

LES MÊMES, LE GÉNIE DE L'EXCENTRIQUE.

LE GÉNIE DE L'EXCENTRIQUE. Arrêtez, mes amis, arrêtez!... Vous voulez forcer la consigne, parce que vos produits, plus ou moins excentriques, ont été refusés par le jury?... Consolez-vous, braves industriels; en ma qualité de génie de l'excentricité, je saurai plaider votre cause; et, si vous n'êtes pas admis cette année, vous le serez dans dix ans, dans vingt ans, peut-être plus tard... — Mais, d'ici là, gardez-vous de faire le siége de l'édifice, car, en ce temps d'épidémie, rien n'est plus dangereux que les *tranchées*....

L'INDUSTRIEL. Eh! quoi! on nous laissera dehors, quand les autres....

LE GÉNIE DE L'EXCENTRIQUE. Mon Dieu! jusqu'à présent, je ne vois que le public qu'on a mis dedans....

AIR : *de Mme Favart.*
Ce palais, entr'autres merveilles,
Renferme des draps, des cotons,
Des casseroles, des bouteilles,
Des perruques et des cruchons.
Tout cela n'est pas neuf, je pense,
Car, ce n'est, pas n'en déplaise au progrès,
La première fois que la France
Voit des cruches dans ses palais.

Allez, mes amis, soyez calmes, et souvenez vous que tout vient à point pour qui sait attendre!.. Allez!... (*Les industriels s'éloignent.*) Eh! mais, je ne me trompe pas! c'est mon rival, le Génie de l'Industrie, qui se dirige de ce côté!...

SCÈNE III.

LES MÊMES, LE GÉNIE DE L'INDUSTRIE.

LE GÉNIE DE L'INDUSTRIE.
AIR : *Du sort quand l'orage éclate.* (De Gastibelza.)
Oui, c'est moi qui suis l'industrie!
Que l'on se taille
A ma voix!
A bons droits
Je me glorifie!
Voyez mes nouveaux exploits!
Tous mes produits brillent à la fois
D'un éclat qu'on envie!
Reconnaissez mes lois.
Et gloire... *bas.*

Oui, gloire!
Gloire à mes immenses bienfaits!
Braves industriels français,
Chantez victoire! victoire!
A nous, à nos heureux essais,
A nos progrès,
A nos succès,
Burinés dans l'histoire,
Appartient à jamais
La gloire! (ter)

LE GÉNIE DE L'EXCENTRIQUE. Vous voilà bien rayonnant!...

LE GÉNIE DE L'INDUSTRIE. *d'un ton de protection.* Ah! c'est vous, mon infortuné collègue?... Eh bien! vos excentricités ont donc fait long feu, cette année?...

LE GÉNIE DE L'EXCENTRIQUE, *avec ironie.* Que voulez-vous?... les *pompes* et les *pompons* ont tout envahi!...

LE GÉNIE DE L'INDUSTRIE. Est-ce ma faute si la France ne veut que ce qui est rationnel, raisonnable?...

LE GÉNIE DE L'EXCENTRIQUE. N'ai-je pas résolu le problème de l'impossible?...

LE GÉNIE DE L'INDUSTRIE. C'est possible, mais vos inventions ne vaudront jamais mes *caléfacteurs-Lemare,* ni mes *serrures-Fichet....*

AIR : *Mon père était pot.*
Tous mes produits sont merveilleux!
Le prouver est facile;
Ils résument on ne peut mieux
L'agréable et l'utile.
Car mon *éteignoir*
Qu'il vous faudra voir,
Est des plus nécessaires.

LE GÉNIE DE L'EXCENTRIQUE.
Un *éteignoir?* mais,
Ça n'prouv'ra jamais,
Le progrès des lumières.

LE GÉNIE DE L'INDUSTRIE. Et mes *ouvre-huîtres-Picaud,* dont je n'ai pas encore fait mention?... Voilà une découverte précieuse pour tous les amateurs de ce crustacé!...

MÊME AIR.
Mes *ouvre-huîtres Picaud,* surtout,
Sont pour la ménagère
Un véritable pass'-partout
Qui supprim' l'écaillère;
Car mon instrument
Les ouvre à l'instant,
Presque sans qu'on y touche;
Et rien qu'en voyant
L'huître en ce moment
L'eau vous vient à la bouche.

LE GÉNIE DE L'EXCENTRIQUE. Ah! si vous parliez de mes *chandelles sans mèches?...*

LE GÉNIE DE L'INDUSTRIE. Laissez donc! ça ne prendra pas!... Est-ce à comparer à mes *balais-mécaniques de Plantier?* (1)

LE GÉNIE DE L'EXCENTRIQUE. Vos *balais?...* On n'en veut nulle part... pas même à l'Opéra!...

LE GÉNIE DE L'INDUSTRIE. Vous êtes fou!...

LE GÉNIE DE L'EXCENTRIQUE. Vous êtes rococo!...

LE GÉNIE DE L'INDUSTRIE. Vous êtes capable de tout!...

LE GÉNIE DE L'EXCENTRIQUE. Vous n'êtes capable de rien!...

ENSEMBLE.
AIR : *Guerre, guerre éternelle.* (Maîtresse de maison)
Guerre! guerre! sans fin ni trève,

A vos produits,
Indignes d'être admis!
Guerre! guerre! nul ne se lève
Pour vous venger,
Ou pour vous protéger.

Bruit et cris au dehors.
LE GÉNIE DE L'INDUSTRIE. Mais quel bruit!...
LE GÉNIE DE L'EXCENTRIQUE. C'est une voiture qui vient de verser!...
LE GÉNIE DE L'INDUSTRIE. Ah! mon Dieu!..

SCÈNE IV.

LES MÊMES, NOÉ, *soutenu par* DUFOUR.

NOÉ. Maudit cabriolet!...

DUFOUR. Verser, juste au moment de mettre pied à terre!...

NOÉ. Comme j'ai bien fait de laisser ma famille à Noisy-le-Sec!...

DUFOUR. Je vous ai vu tomber, et ça m'a fait un mal!...

NOÉ. Si vous aviez été à ma place, ça vous en aurait fait bien davantage!...

LE GÉNIE DE L'INDUSTRIE, *s'approchant de Noé.* Comment vous trouvez-vous, mon brave homme?

NOÉ. Je me trouve... hors d'état de visiter aujourd'hui le palais de l'Industrie, et c'est ce qui me chagrine le plus, en ce moment.

DUFOUR. Le fait est que c'est contrariant... d'autant plus qu' vous auriez peut-être trouvé là-dedans quelque invention qui pût vous empêcher de verser....

LE GÉNIE DE L'INDUSTRIE. Des *parachutes...* il y en a...

NOÉ. Il serait bien temps... N'importe, j'aurais été curieux de...

LE GÉNIE DE L'INDUSTRIE. D'assister à l'exposition de nos produits, n'est-ce pas?... Eh bien! vous le pouvez, sans vous déranger...

NOÉ. Allons donc!...

LE GÉNIE DE L'INDUSTRIE. Je vous ferai voir tout ce qui est là-dedans!...

LE GÉNIE DE L'EXCENTRIQUE, *s'approchant de Noé.* Et moi, tout ce qui n'y est pas!...

NOÉ. Hein?... voilà qui est bien plus fort!.. *(Au Génie de l'Industrie.)* Ah ça, qui êtes-vous, vous?

LE GÉNIE DE L'INDUSTRIE. L'Industrie!...

NOÉ. L'Industrie?... *(Au Génie de l'Excentrique.)* Et vous?

LE GÉNIE DE L'EXCENTRIQUE. L'Industrie!..

NOÉ. Ah! ça, il y en a donc deux?...

LE GÉNIE DE L'INDUSTRIE. Moi, je suis l'Industrie... *modérée...*

DUFOUR. Oui... la *Plaine...* industrielle...

LE GÉNIE DE L'EXCENTRIQUE. Et moi, l'Industrie excentrique...

DUFOUR. La *Montagne...* toujours industrielle...

NOÉ. Eh bien! je veux voir les produits de l'une et de l'autre!... Elles doivent avoir du bon toutes les deux....

DUFOUR. Et du mauvais aussi....

LE GÉNIE DE L'INDUSTRIE. Vous serez juge entre nous!... — Je ne vous montrerai pas mes *parapluies,* mes *parasols...*

LE GÉNIE DE L'EXCENTRIQUE. Ni moi, mes *paraverses,* mes *parafaillites....*

DUFOUR. Et pourtant...

AIR : *J'ons un curé patriote.*
Si quelque inventeur habile
Pouvait inventer enfin
Un *pare-à-guerre civile*
D'un mécanisme certain,

---

(1) VUIGNER et PLANTIER, fabricants brevetés, 3, rue Quincampoix.

Un rouage qui ferait
Que chacun s'embrasserait?
Quel brevet! (bis)
La France lui donnerait!
Quel brevet on lui donnerait!

NOÉ. J'en conviens, mais...

MÊME AIR.

Si, par un' méthod' nouvelle,
Quelqu'un créait en c' moment
Un gouvernement modèle
Qui rendît tout l' mond' content,
Et f'rait que l' riche eût moins d' vin,
Mais l' pauvre un peu plus de pain,
Quel brevet! (bis)
La France lui donnerait!
Quel brevet on lui donnerait!

LE GÉNIE DE L'INDUSTRIE. N'anticipons pas... — Je veux d'abord vous séduire par le goût...

NOÉ. Ah! oui!... quelque chose à boire, par exemple... ça me remettra... Cette chute de tout à l'heure m'a ému...

LE GÉNIE DE L'INDUSTRIE. Désirez-vous un verre d'eau?... (Bruit de trompette.)

DUFOUR. Nous n'irons pas loin pour en avoir, car voici un individu qui a l'air d'en vendre... (Un homme paraît, portant sur son dos une petite fontaine.) Approchez, l'homme!...

SCÈNE V.

Les Mêmes, L'HOMME-FONTAINE.

LE GÉNIE DE L'INDUSTRIE. Ce n'est point un porteur d'eau ordinaire; c'est un industriel qui a trouvé un filtre sans pareil!...

L'HOMME-FONTAINE. Avec mon *filtre perfectionné*, messieurs, je ferais de l'eau de seltz avec de l'encre!...

NOÉ. Il n'est pas question d'encre...

DUFOUR. Ni d'eau de seltz...

NOÉ. Je désirerais goûter la vôtre...

L'HOMME-FONTAINE. Volontiers.

AIR de l'Apothicaire.

Tout c' qui paraît trouble d'abord,
Par mon filtre se clarifie...

NOÉ.

Voilà qui me semble un peu fort,...

DUFOUR.

Clarifier est sa manie.

NOÉ.

Le filtre éclaircit, j'en convien,
Aussi, je l' dis foi d'honnête homme,
Le gouvernement devrait bien (bis)
Filtrer nos affaires de Rome.

L'HOMME-FONTAINE. Je vais premièrement vous montrer de l'eau non filtrée... elle est de ce côté... (Il tourne un robinet et verse dans un verre de l'eau très-claire. — Noé va pour s'emparer du verre.) Un instant! Vous allez voir la différence du côté du filtre... (Il tourne l'autre robinet, l'eau qu'il a tirée est noire comme de l'encre.) Buvez-moi ça!... Vous m'en direz des nouvelles!...

NOÉ, qui ne s'est aperçu de rien, boit précipitamment le verre qu'on lui présente. Pouah!... je suis empoisonné!... C'est du marc de café que vous me donnez là!...

L'HOMME-FONTAINE. Pardon, je me suis trompé... Nous allons recommencer l'expérience....

NOÉ. Merci! merci!... Drôle d'invention!.. En voilà un qui n'aura pas ma pratique...

L'HOMME-FONTAINE. N'importe! Voici toujours quelques-unes de mes adresses...

NOÉ. Je n'en veux pas!...

L'HOMME-FONTAINE, le poursuivant, et lui en glissant dans toutes ses poches. Prenez! prenez!... (Il lui sonne de la trompette dans les oreilles, et s'échappe.)

DUFOUR. Il est parti!...

NOÉ. En me laissant un arrière-goût de soufre dans la bouche... Pouah!...

LE GÉNIE DE L'INDUSTRIE. N'est-ce que cela?... je puis vous remettre en goût... (Cris au dehors.)

NOÉ. Quels sont ces cris confus?...

LE GÉNIE DE L'INDUSTRIE. Ce sont précisément les fruits et les légumes qui se disputent...

NOÉ. A propos de quoi?...

LE GÉNIE DE L'EXCENTRIQUE. A propos de bottes... de navets et de carottes...

SCÈNE VI.

LES MÊMES, LA POMME, LA PÊCHE, L'ANANAS, *représentés par trois marchandes;* LA CAROTTE, LE CHOU FRISÉ, LA POMME DE TERRE, *représentés également par trois femmes.*

ENSEMBLE, en se disputant.

AIR: Quadrille de Ne touchez pas à la Reine.

Chez vous est l'insolence!
Je dois avoir, je pense,
De droit, le pas sur vous!
D'mandez plutôt à tous...
Ainsi, faites-moi place,
Je vous l' demande en grâce!
Ou sinon, gar' les coups!
Ils vont pleuvoir sur vous!

NOÉ. Eh! mon Dieu! mesdames, à qui en avez-vous?

DUFOUR. Qui a pu jeter parmi les légumes et les fruits la pomme de discorde?

TOUTES. C'est la pomme de terre!...

LA POMME DE TERRE. Oui, la pomme de terre!... et pas malade!...

LA POMME. Elle prétend qu'elle doit passer avant nous...

LE CHOU. Que son utilité est reconnue par tout le monde...

LA CAROTTE. Comme si on pouvait se passer de carottes et de navets dans un ménage...

LA PÊCHE. Comme s'il était possible de faire un bon repas sans pêche?...

L'ANANAS. Et de bonnes glaces sans ananas?...

NOÉ. Eh! mesdames! il y a d'autres fruits dont vous ne parlez pas qui pourraient aussi se formaliser.

DUFOUR. Par exemple, le melon...

NOÉ. Moi, j'aime beaucoup le melon, et je m'étonne de ne pas en voir parmi vous... (En ce moment, un personnage traverse le théâtre en criant: Beaux m'lons! beaux m'lons)!

LA POMME. Précisément, en voilà un!...

LE CHOU, en désignant la marchande de carottes. C'est le mari de madame... elle lui en tire assez, de carottes, à ce pauvre cher homme...

LA CAROTTE. C'est plutôt vous, chou mal frisé!...

NOÉ. Allons, mesdames, du calme!... Pour vous mettre d'accord, permettez-moi de mordre à même vos produits, et ensuite, j'accorderai la pomme à l'une d'entre vous!...

TOUTES. Nous y consentons!... (Elles présentent toutes à Noé les unes un fruit, les autres un légume. Noé fait des efforts inouïs pour mordre dedans; il les prend l'un après l'autre, toujours même difficulté.)

Noé. Ah ça, rien de tout cela n'est mûr...

La pomme. Au contraire, regardez quelle couleur !...

Noé. Voyons donc... oh ! (*Une de ses dents reste dans une pomme.*) — La dent y est restée !.. (*Elles rient.*). — Allez à tous les diables, vous et vos productions !...

La pomme. Avouez que vous avez été attrapé ?...

La pêche. N'est-ce pas que c'est bien imité (1)?

Le chou. Vous êtes un compère de bonne foi...

La pomme. Nous vous demandons la permission d'insérer ça dans un journal...

Le chou. C'est une bonne réclame.

Noé. Qu'est-ce à dire ?...

Air: *N'y a que Paris.*
D'une mystification
Est-c' que je serais la victime ?...

La pomme, *riant.*
Dam ! j'en ai peur...

La pêche.
Un peu, mon bon !

La pomme.
Vous avez donné dans la frime !
La pêch', la pomme et le melon...

Noé. (*Parlé.*). Eh bien !...

Toutes, *en riant.*
C'est du carton ! (*Bis.*) *Elles sortent.*

Noé. Du carton ?... j'enrage !... Et ma dent, qu'est-ce qui me la rendra ?

Le génie de l'excentrique. Entrez à l'exposition... il ne manque pas de mâchoires...

Le génie de l'industrie. Il y en a même à musique qui jouent l'air des *Girondins*, pour peu que cela flatte votre opinion.

Noé. Du tout !...

Le génie de l'industrie. Alors, adressez-vous au célèbre Fattet !... le dentiste par excellence !...

SCÈNE VII.

Les Mêmes, FATTET, *suivi de son groom.*
Fattet, *paraissant.* Présent !...

Noé. Hein ?... quel est ce monsieur ?...

Dufour. C'est l'homme aux dents...

Noé. Rogers ?...

Le génie de l'industrie. Mieux que ça.

Noé. Désirabode ?...

Le génie de l'industrie. Mieux que ça... Fattet !...

Noé. Ah ! Fattet ?... Eh ! bien, monsieur Fattet, je voudrais une dent... pas trop chère.

Dufour. Si vous en aviez une d'occasion ?...

Fattet. Jamais, monsieur !... (*A Noé.*) D'ailleurs, à quoi vous servirait une simple dent ? c'est tout un râtelier qu'il vous faut ?...

Noé. Pourtant les miennes sont encore...

Fattet. Je vous arracherai tout ça !...

Noé. Comme vous y allez !...

Fattet. On voit bien que vous ne connaissez pas mes os-à-nores... A moi ! mon groom. . (*Prenant un râtelier, à Noé.*) Regardez-moi ça !... pas de ligatures... rien qu'un imperceptible crochet... (*Il lui place le râtelier.*)

Dufour, *à Fattet.* Savez-vous que votre éloge doit être dans toutes les bouches ?...

Fattet. Ah ! monsieur, quel plaisir de se présenter devant ses concitoyens, plus ou moins édentés, et de leur dire avec fierté:

Air: *Une fille et un oiseau.*
De ce râtelier complet,
Qui surpasse la nature,

Admirez tous la structure,
Il sort des mains de Fattet! (1)
Rendez grâce à mon génie,
Vous, surtout, femme jolie,
Par votre coquetterie,
Qui voulez plaire en tout temps...
Aussi bien que la jeunesse,
A ses enn'mis la vieillesse
Peut sans peur montrer les dents... (*Bis.*)

Le génie de l'excentrique, *à Noé.* Puisque nous sommes sur les dents, si vous vouliez un râtelier à sonnettes...

Noé. Monsieur a des râteliers à sonnettes ?. .

Fattet. Sans doute !...

Dufour. Jusqu'à présent, je n'avais entendu parler que des serpents, par le même procédé...

Noé. Expliquez-moi donc la chose ?...

Le génie de l'excentrique. Avec plaisir. Supposons que vous dîniez à vingt-deux sous... Notez bien que nos râteliers, qui broient du fer, sont surtout précieux aux personnes qui dînent à vingt-deux sous...

Dufour. Relativement aux biftecks...

Le génie de l'excentrique. Vous vous sentez de l'appétit... vous appelez le garçon pour lui demander un supplément... il ne vous entend pas... vous cherchez une sonnette, il n'y en a pas dans l'établissement... que faites-vous ?... vous poussez un ressort qui se trouve à la molaire de gauche...

Noé. Voyons donc !... (*Il pousse un ressort, une sonnette se fait entendre, et une voix crie dans la coulisse :* Voilà ! voilà !)

ENSEMBLE.
Air *du Démon de la nuit.*
En vérité, c'est merveilleux !
Jamais on n'vit rien de semblable !
Car un râtelier véritable
Ne fonctionnera t pas mieux !

Fattet sort avec son groom.

Noé, *à Dufour.* Je crois que je ferai tout aussi bien de m'en retourner... Qu'en dites-vous, monsieur Dufour ?...

Dufour. Je suis à vos ordres... (*Musique. — Au moment où Noé va pour sortir à droite, avec Dufour, ils se trouvent tous deux devant une porte portée par un exposant, qui lui barre le chemin — Ils se dirigent alors par la gauche; un autre obstacle se présente, c'est une croisée. — Ils se décident à s'en aller par le fond, une jalousie, à son tour, leur interdit la retraite.*)

SCÈNE VIII.

Les Mêmes, UNE PORTE, UNE CROISÉE, UNE JALOUSIE.

Noé. Eh bien, nous sommes cernés ?...

Dufour. Que signifie cette mauvaise plaisanterie ?... (*Le Génie rit sous cape.*)

Noé. Tâchons d'avoir le mot de cette charade en action... frappons d'abord à cette porte... (*Il frappe légèrement, un Monsieur en sort.*)

Le monsieur de la porte. Que demandent ces messieurs ?...

Dufour. Nous voulons passer...

Le monsieur de la porte. Pas avant que je ne vous explique le mécanisme ingénieux de cette porte sans serrure...

Noé. Et comment entre-t-on ?...

Le monsieur de la porte. En poussant un ressort invisible. Quand vous sortez de chez

---

(1) Mercier, rue des Gardes, 16, à la Chapelle-Saint-Denis.

(1) Cabinet de M. Fattet, 363, rue Saint-Honoré.

vous, vous emportez votre clef, ou vous la laissez en dedans, ou bien vous la perdez, ou encore on vous la prend, et vous voilà à la porte, à minuit; allez donc chercher un serrurier à cette heure!... Pendant votre absence, peut-être même un voleur s'est introduit dans votre appartement. Avec mon nouveau système tous ces inconvénients disparaissent; seulement, il faut avoir de la mémoire et bien se rappeler l'endroit où se trouve placé le ressort; sans cela, vous risquez de rester enfermé, ou de ne pouvoir entrer chez vous.

NOÉ. Donnez-nous-en une idée en faisant jouer votre mécanisme.

LE MONSIEUR. Volontiers...

NOÉ, *bas à Dufour.* Nous en profiterons pour nous échapper.

LE MONSIEUR. Tiens! je ne retrouve plus mon ressort invisible... c'est particulier!...

NOÉ. Allons bon! si l'inventeur lui-même ne peut pas ouvrir sa porte, je vous laisse à penser ce que ferait celui qui aurait acheté cette invention les yeux fermés.

DUFOUR. Adressons-nous à cette croisée; au lieu de passer par la porte, nous sauterons par la fenêtre.

LE MONSIEUR. Si j'ai un conseil à vous donner, c'est de ne point vous arrêter devant ce produit rococo, c'est vieux comme les maisons; on cherchera à vous mettre dedans...

NOÉ. Puisque vous nous laissez dehors, ça nous changera. (*Tout à coup la croisée s'ouvre, une femme est derrière.*)

LA FEMME-CROISÉE. Qu'est-ce qu'il dit, cet inventeur manqué? Comme à son ordinaire, il empêche la pratique de me visiter... Ne l'écoutez pas, messieurs, c'est la jalousie qui le fait agir...

UNE AUTRE FEMME, *qui paraît à la jalousie placée au fond du théâtre.* Qu'est-ce qui a parlé de jalousie?... Venez à moi, messieurs, je vais vous expliquer...

LE MONSIEUR *et* LA FEMME. Non, c'est moi!

NOÉ. Assez d'explication comme ça... Je comprends l'intérêt qui vous anime... vous cherchez à vous nuire mutuellement...

DUFOUR. La croisée veut enfoncer la porte...

NOÉ. De son côté, la porte veut jeter la croisée par la fenêtre...

DUFOUR. Et la jalousie entretient la discorde.

LE MONSIEUR, *s'écriant.* Ah! je le tiens!

NOÉ. Quoi?

LE MONSIEUR. Mon ressort!...

DUFOUR. C'est fort heureux!... (*Le Monsieur ouvre sa porte et la ferme au nez de Noé avec colère; la croisée s'est fermée également; la jalousie s'est baissée. Ils s'éloignent tous trois par une coulisse différente; mais à leur place, trois autres Industriels qui se tenaient cachés derrière eux se présentent tout à coup.*

SCÈNE IX.

LES MÊMES, UN MARCHAND DE SAVON, UN HORLOGER, *portant une horloge sur la poitrine,* UN MARCHAND DE CUIRS.

NOÉ. Que nous veulent ceux-là encore?

LE MARCHAND DE SAVON. Voici un morceau de savon de toilette...

L'HORLOGER. Une horloge qui marque l'heure qu'il est dans les quatre parties du monde.

LE MARCHAND DE CUIRS. Des cuirs et des bottes sans coutures...

NOÉ. Vous m'ahurissez!...

DUFOUR. Parlez l'un après l'autre.

NOÉ. Voyons, vous d'abord, l'homme au savon, répondez... Qu'est-ce que vous portez là? un bloc?

LE MARCHAND DE SAVON. C'est une petite brique de savon pour la barbe.

NOÉ. Impossible de se le passer sur le menton...

LE MARCHAND DE SAVON. C'est le menton qu'on passe dessus...

NOÉ. Ce n'est guère commode... Et vous?

LE MARCHAND DE CUIRS. Moi, je suis l'inventeur des bottes sans coutures... J'en ai toujours aux pieds comme échantillon .. (*Il montre ses bottes qui sont percées à divers endroits.*)

NOÉ. Dites-moi... vos bottes sans coutures sont décousues...

LE MARCHAND DE CUIRS. Ce n'est rien... le cuir a manqué...

DUFOUR. Je ne trouve pas...

NOÉ. Et vous?

L'HORLOGER. Moi, j'arrive du département de l'Eure.

NOÉ. Je m'en doute bien.

L'HORLOGER. J'ai inventé une horloge à l'aide de laquelle on sait l'heure de Paris, de Rome, de Berlin et de Saint-Pétersbourg, à la minute!

DUFOUR. Et comment s'en assurer?

L'HORLOGER. Rien de plus simple : vous prenez la poste, vous partez de Paris, vous passez par les susdites villes, et le tour est fait.

NOÉ. Mais c'est le tour du monde ça!... J'aime encore mieux me régler sur le soleil ou sur le canon du Palais-National... Allons-y... (*Les trois Industriels sortent. On entend chanter au dehors. S'arrêtant.*) Eh! mais, quels sont ces chants?

LE GÉNIE DE L'INDUSTRIE. C'est ma bouquetière!... Je vous ai d'abord séduit par le goût, je vais vous séduire par l'odorat.

NOÉ. Je vous préviens que j'ai le nez fin, quoique un peu gros...

LE GÉNIE DE L'INDUSTRIE. Tant mieux!... Vous allez voir des fleurs qui font pâlir la nature!

NOÉ. Oh! oh! (*Sur un signe du Génie, une Bouquetière paraît.*)

SCÈNE X.

LES MÊMES, LA BOUQUETIÈRE.

LA BOUQUETIÈRE, *portant un éventaire chargé de fleurs de toutes espèces.* Fleurissez-vous, mesdames! fleurissez-vous!

AIR: *Voilà l'plaisir.* (D'Edmond Lhuillier)

V'là des bouquets,
    Mesdames !
    De frais
    Bouquets !
Qu'ici tout le monde
S' fleurisse à la ronde,
Je suis la marchande,
Il faut que je vende !
    Pour vos corsets,
    Mesdames,
    V'là des bouquets !
Aux maris j'offre la *jonquille,*
Aux pauvres femmes des *soucis;*
Tandis qu' j'ai pour la jeune fille,
D' la *sensitive* à juste prix;
A ces amantes délaissées,
Par des perfid's, par des ingrats...
(Et l'on en voit beaucoup, hélas!)
Je vends des *ne m'oubliez pas.*

Toutes les jeunes fiancées,
Accour'nt m'acheter des pensées;
Près d' moi, c'est à qui vient s' fleurir,
Selon son goût et son désir...
A ce jeune soldat, lorsque la gloire l'appelle,
    Toujours c'est l'immortelle
    Que je cours offrir !
        V'là des bouquets,
        Mesdames, etc.

NOÉ. Demeurez, charmante enfant; vous piquez vivement ma curiosité...

LE GÉNIE DE L'EXCENTRIQUE. Attends, attends... elle va te piquer bien autre chose...

NOÉ. Combien ce joli bouquet ?

LA BOUQUETIÈRE. Pour vous, ce ne sera rien...

NOÉ. C'est moins cher que je croyais... (*Il promène les fleurs sous son nez.*) Aïe !... je me suis écorché !... je suis sûr que j'ai le nez tout en sang !...

DUFOUR. Vous aurez reniflé trop fort.

NOÉ. Au diable le bouquet ! (*Il le jette loin de lui; en tombant le bouquet se brise.*) Qu'est-ce que c'est que ça ?...

LA BOUQUETIÈRE. Ne faites pas attention... c'est du verre...

NOÉ. Du verre ?...

LE GÉNIE DE L'INDUSTRIE. Oui, des fleurs artificielles en verre...

NOÉ. De couleurs ?... car vos bouquets sont très-variés !...

DUFOUR.
AIR : *de Julie.*
Voilà du nouveau, je l'espère...
NOÉ.
Je n'en reviens pas, sur l'honneur !
Faire des fleurs avec du verre !
Et leur donner cette fraîcheur !
On n'avait pas jadis de ces manies...
    Le *verr'* servait uniquement
    A fabriquer tout bêtement
    Des bouteill's et des tragédies.

LA BOUQUETIÈRE, *à Noé.* Monsieur ne désire plus de mes produits ?...

NOÉ, *se tâtant le nez.* Merci... je sors d'en prendre...

LA BOUQUETIÈRE, *en sortant.*
        V'là des bouquets,
        Mesdames, etc.

LE GÉNIE DE L'EXCENTRIQUE *au Génie de l'industrie.* C'est égal, je doute que vous fassiez *florès* avec vos fleurs...

LE GÉNIE DE L'INDUSTRIE. C'est ce qui vous trompe... Dans les bals, dans les concerts, aux spectacles, c'est un article très-demandé... toutes nos dames à la mode en portent déjà à leur ceinture et dans leurs cheveux...

NOÉ. C'est un peu fragile...

DUFOUR. Comme leur vertu...

NOÉ. Moi, je suis pour le solide.

LE GÉNIE DE L'INDUSTRIE. Que ne parliez-vous plus tôt ?... j'ai votre affaire !... (*A la cantonade.*) Eh ! l'homme aux bêtes ?...

SCÈNE XI.

LES MÊMES, UN BOUVIER.

LE BOUVIER, *entrant.*
AIR de *la Route de Poissy.*
Aussitôt qu'on m'demande,
    J'suis là !
S'agit y d'uu' commande ?
    Ça m'va !
Vous faut-y des veaux, des moutons ?
Des agneaux, des vach's, des co...
    Me voilà !

NOÉ, *au Génie.* Ce monsieur est de votre connaissance ?

LE GÉNIE DE L'INDUSTRIE. Certainement !

LE GÉNIE DE L'EXCENTRIQUE. Connu sous la dénomination de l'Homme aux bêtes...

LE BOUVIER. Et tout à vot' service, bourgeois !

NOÉ. Vous êtes exposant ?

LE BOUVIER. Un peu, mon n'veu.

NOÉ. Votre neveu, votre neveu... je pourrais être votre oncle... enfin, n'importe... Qu'avez-vous exposé ?

LE BOUVIER. Des animaux... sans vous humil er...

AIR *de Pierre Dupont.*
J'ai des beaux bœufs dans mon étable,
Des beaux blancs marqués de roux;
Ils sont tout' la journée à table,
Etendus sur des lits bien doux...
Je les ai m'nés à l'industrie,
Pour qui s'pavan'nt comme des prélats;
Chacun les r'garde avec envie,
Et s'plaint de n'pas être aussi gras...
C'qu'ils m'demand'nt, je leur donne,
J'les soigne, et j'les bichonne;
J'tiens à mon existence... eh bien ! j'aimerais mieux
Vous voir mourir que d'voir mourir mes bœufs !

NOÉ. Voilà du dévouement.

LE BOUVIER. Moi, je ne trouve rien au-dessus d'un bœuf.

DUFOUR. Il y a ses cornes au-dessus de lui...

LE BOUVIER. Hélas ! je ne le sais que trop ! c'est-à-dire, pas moi, mais un visiteur. Voici la chose : hier, un individu que je voyais rôder depuis plusieurs jours autour de mes chéris, et que je soupçonne être un cuisinier, s'approche de l'un d'eux, pendant que j'avais le dos tourné ; il tire un grand couteau muché dans une gaine, et se met en mesure de tailler un morceau de culotte sur mon élève !... L'animal, qui tient à ses effets, se retourne furieux, et lui flanque, dans un endroit très-secret, un vigoureux coup de corne qui blesse mon individu ! on l'arrête ! et, au lieu de le conduire chez un médecin, on le mène au violon tout honteux.

NOÉ. Je crois bien... il n'avait pas sa culotte...

LE BOUVIER. Laquelle ?

NOÉ. Celle de votre bœuf.

LE BOUVIER. Le pauvre animal en a été quitte pour une reprise que je lui ai faite... venez le voir.

NOÉ. Je m'en garderais bien !... il n'aurait qu'à m'en arriver autant.

LE BOUVIER. Ah ! bourgeois, si vous saviez combien je le vénère !...

NOÉ. Quoi ?

LE BOUVIER. Le bœuf !...

AIR : *C'est l'amour, l'amour.*
C'est le bœuf, le bœuf, le bœuf,
    Qui nourrit l'monde,
    A la ronde ;
On devrait en quarant'-neuf
Él'ver un autel au bœuf...

Qui fait tous les frais d'la gargotte,
Et la fortun' du cordon bleu ?
Qui nous livre de sa culotte
Pour mettre dans le pot-au-feu ?
    Qui nous donne sa vie,
    Sa peau, sa chair, son suif,
    Pour fair' de la bougie,
    Des bott's et du rosbiff ?...
C'est le bœuf, le bœuf, le bœuf, etc.

C'est du pauvre comme du riche

L'aliment le plus recherché...
Le président n'en est pas chiche,
On en sert à l'archevêché...
Quand l'cousin d'la grand' dame
Mang' du filet rôti,
Dans l'boudoir de madame...
Qu'est-ce qu'est le mari?...
C'est le bœuf, le bœuf, le bœuf, etc.

(*A Noé.*) Puisque vous ne voulez pas venir, permettez que j' vous quitte pour mes bêtes...

REPRISE DE L'AIR.

C'est le bœuf, le bœuf, le bœuf, etc.

SCÈNE XII.

LES MÊMES, *hors* LE BOUVIER.

NOÉ. La race bovine a fanatisé cet homme-là.

LE GÉNIE DE L'INDUSTRIE. Maintenant, voulez-vous voir mes *yeux?*

NOÉ. Vos yeux?... ce n'est pas de refus.

LE GÉNIE DE L'L'EXCENTRIQUE, *d'un ton moqueur.* Ses yeux... postiches.

LE GÉNIE DE L'INDUSTRIE. Ça ne vous regarde pas!... (*A Noé.*) Préférez-vous mes *fours portatifs en terre cuite?* (1,

LE GÉNIE DE L'EXCENTRIQUE. On sait bien que vous faites four...

LE GÉNIE DE L'INDUSTRIE. Eh! mais, j'y songe!.. je vais vous montrer mon *mannequin en pied.*

NOÉ. Un mannequin en pied?...

LE GÉNIE DE L'INDUSTRIE. Oui... ce que nous appelons la femme mécanique.

NOÉ. Ah! ah!

LE GÉNIE DE L'EXCENTRIQUE, *bas à Noé.* Exigez d'abord qu'on fasse sortir les enfants.

NOÉ. Ah!... est-ce que?...

LE GÉNIE DE L'EXCENTRIQUE. Oui!...

NOÉ. Parbleu! je suis curieux de voir la femme mécanique!

LE GÉNIE DE L'INDUSTRIE. Vous allez être satisfait. (*Musique. — Sur un signe du Génie, une femme en maillot-chair, des pieds à la tête, sort de dessous terre.*)

NOÉ, *la lorgnant.* Oh! oh!... voilà qui est un peu décolleté.

LE GÉNIE DE L'INDUSTRIE, *à Noé.* Approchez-vous!... et remarquez le travail.

NOÉ. En effet.. (*Il lève le bras de la femme, qui lui donne un soufflet.*) Oh!...

LE GÉNIE DE L'EXCENTRIQUE. Comment trouvez-vous le mécanisme?

LE GÉNIE DE L'INDUSTRIE. Il est excellent!...

NOÉ, *se tenant la joue.* Je m'en suis aperçu.

LE GÉNIE DE L'INDUSTRIE.

AIR: *Daignez m'épargner le reste.*

Voyez donc ce buste élégant,
Et cet e tail'e incomparable!
C'est un chef-d'œuvre assurément,
La tête est vraiment admirable!
Regardez ce pied si joli,
Ce genoux, parfait, je l'atteste..
Ce p'tit bras si bien arrondi,
Ces jambes, ces...

NOÉ, *l'arrêtant.*
Mon cher ami,
Ne me détaillez pas le reste! (*Bis.*)

DUFOUR. Mais je crois avoir vu déjà de ces manequins mécaniques à la dernière exposition?...

LE GÉNIE DE L'INDUSTRIE. Oui, en buste... l'article était antérieur...

NOÉ. Et celui-ci est donc...

DUFOUR. Postérieur... naturellement.

NOÉ. Passons à autre chose. (*Le mannequin disparaît.*)

LE GÉNIE DE L'EXCENTRIQUE. Un instant!... c'est à mon tour de vous montrer quelques-uns de mes produits.

NOÉ. Voyons, M. l'Excentrique, quelle invention nouvelle est sortie de votre tête?

LE GÉNIE DE L'EXCENTRIQUE. Des chapeaux!

NOÉ, *se découvrant.* Je m'incline... le chapeau est une découverte utile *en soi*... mais il me semble qu'elle vient un peu tard... ç'a déjà été fait.

LE GÉNIE DE L'EXCENTR QUE. Il n'est jamais trop tard pour le perfectionnement. (*Musique. — Un chapeau et des souliers paraissent sur une petite table.*) En général, à quoi sert un chapeau?

NOÉ. Quelle question!... à coup sûr, ce n'est pas pour s'asseoir.

LE GÉNIE DE L'EXCENTRIQUE. J'étais sûr que vous alliez me répondre une bêtise.

NOÉ. Parbleu! il sert à se garantir des intempéries des saisons... du froid, du chaud, de la pluie...

LE GÉNIE DE L'EXCENTRIQUE. Vous ne lui reconnaissez pas d'autres inconvénients?...

NOÉ. Non.

AIR: *Je suis colère et boudeuse.*

LE GÉNIE DE L'EXCENTRIQUE.
Vous n'oubliez qu'une chose,
Et c'est le point capital.
Les maux de tête qu'il cause...
NOÉ.
Oui, souvent il me fait mal.
LE GÉNIE DE L'EXCENTRIQUE.
La sueur qui vous inonde!...
NOÉ.
Parfois, je suis tout en eau.
LE GÉNIE DE L'EXCENTRIQUE.
Puis, en saluant tout le monde,
Vous graissez votre chapeau.
NOÉ.
A la main, quand j' me promène,
Je l' tiens du matin au soir.
LE GÉNIE DE L'EXCENTRIQUE.
N'importe, c'est une gêne,
Autant vaut n'en pas avoir.
NOÉ.
Dites-moi quelle coiffure
Il me faudrait adopter?
LE GÉNIE DE L'EXCENTRIQUE.
La mienne, car je vous jure,
C'est la seul' qu'on va porter.
NOÉ.
Faites-m'en, ô grand génie!
Alors la description.
LE GÉNIE DE L'EXCENTRIQUE.
Vous s'rez après, je parie,
Coiffé d' mon invention. (*Bis.*)

Et tenez, essayez-moi cela... En voilà un qui, je crois, ira à votre tête... (*Il lui met un chapeau fixé sur quatre petites branches en fil de fer, terminées par un cercle en baleine.*) Eh bien! comment vous trouvez-vous là-dessous?

NOÉ. Ma foi, ce chapeau est très-léger... à peine si je le sens.

LE GÉNIE DE L'EXCENTRIQUE. Avec cette coiffure aérienne, je vous défie de transpirer.

NOÉ. Il n'y a pas de danger... seulement, je le trouve un peu haut de forme... et puis,

---

(1) LECLERC et Cie; fours portatifs de toutes dimensions, depuis 70 jusqu'à 800 fr, 1, rue Sartine.

ce cercle qui m'entoure le front, me serre horriblement.

LE GÉNIE DE L'EXCENTRIQUE. Marchez, que je voie où ça pèche... (*Noé fait quelques pas.*) Ça se fera.

NOÉ. C'est égal, tout bien considéré, reprenez votre feutre... je préfère aller tête nue.

LE GÉNIE DE L'EXCENTRIQUE. Vous conviendrez du moins que vous ne pouvez pas marcher nu-pieds.

NOÉ. Mais ça n'a aucun rapport...

LE GÉNIE DE L'EXCENTRIQUE. J'ai précisément là des souliers qui vous chausseront comme un gant... C'est encore de mon invention... Passez une paire de souliers à monsieur...

NOÉ. Ah ça, vous allez d'une extrémité à l'autre?...

LE GÉNIE DE L'EXCENTRIQUE. Moi, d'abord, j'adore les extrémités!...

Air de Marianne.

Les extrêmes sont mon domaine,
Par eux j'exerce un grand pouvoir...
J'aime la montagne et la plaine,
J'aime le blanc, j'aime le noir.
   En politique,
   Moi, je m'applique
A me jeter dans l'exaltation ;
   Je la préfère,
   Car je n'aim' guère
De bien des gens la modération...
Pour tout perdre, entr' eux ils s'abouchent...

NOÉ.

Cessez ce langage indiscret !..
Un modéré peut vous prendre au collet!...
   Les extrêmes se touchent ! (*Bis.*

LE GÉNIE DE L'EXCENTRIQUE. Mais revenons à mes souliers... ils sont à musique...

NOÉ. Des souliers à musique!...

LE GÉNIE DE L'INDUSTRIE. Comme les tabatières...

LE GÉNIE DE L'EXCENTRIQUE. Essayez... Ils ont, de plus, l'avantage de révéler au public à quelle opinion vous appartenez..

NOÉ. Parbleu ! je suis curieux de savoir s'il devinera mon opinion... (*Il met les souliers.*)

LE GÉNIE DE L'EXCENTRIQUE. Marchez...
(*Noé marche, une clarinette joue : la République nous appelle, etc.*)

LE GÉNIE DE L'EXCENTRIQUE. Vous êtes républicain !...

NOÉ. C'est vrai !...

LE GÉNIE DE L'EXCENTRIQUE, *à Dufour.* A vous...

DUFOUR, *hésitant.* Mais...

LE GÉNIE DE L'EXCENTRIQUE. Que craignez-vous?... Toutes les opinions sont libres... plus ou moins... (*Dufour met les souliers.*)

LE GÉNIE DE L'EXCENTRIQUE. Marchez...
(*Dufour marche; la clarinette joue : Vive Henri Quatre!*)

LE GÉNIE DE L'EXCENTRIQUE. Vous êtes légitimiste!...

DUFOUR, *quittant vivement les souliers.* C'est très-dangereux une chaussure comme ça!.. surtout pour un fonctionnaire public...

NOÉ. Je n'en reviens pas!... Mais je fais une réflexion... vos souliers doivent s'entendre jouer...

LE GÉNIE DE L'EXCENTRIQUE. Comment?

NOÉ. Puisqu'ils ont des oreilles...(*Le chapeau et les souliers disparaissent.*)

LE GÉNIE DE L'INDUSTRIE. Et l'on trouve extravagant mon *canon pneumatique*, qui lance

à des distances prodigieuses soixante à quatre-vingts balles par seconde...

NOÉ. Des balles de café?

LE GÉNIE DE L'INDUSTRIE. Non !...

DUFOUR. Des balles de coton?

LE GÉNIE DE L'INDUSTRIE. Non ! des balles de plomb!.. On a bien de la peine à vous mettre çà dans la tête !...

NOÉ. Un instant! comme vous y allez !... (*On entend le tambour.*)

TOUS. Qu'est-ce que c'est que ça?...

NOÉ. Ah! mon Dieu ! c'est le rappel !...

DUFOUR. Une émeute ! on va faire des barricades !...

LE GÉNIE DE L'INDUSTRIE. Ne craignez rien... C'est un inventeur qui a trouvé, au contraire, le moyen de les combattre!... Eh ! tenez, le voici lui-même qui se rend au palais de l'Exposition !...

SCÈNE XIII.

LES MÊMES, UN GARDE MOBILE, UN TAMBOUR. (*Le Garde mobile entre précédé d'un tambour qui bat le rappel; il traîne un chevalet auquel est attaché un matelas.*)

LE MOBILE.

Air des Fifres de la garde. (De Barillier.)

   L'enfant de la mobile
   Est un troupier fini !
   Près du sexe docile
   Il en est l'favori...
   Soient grisett's ou grand's dames,
   S'il boul'verse les cœurs,
   C' n'est pas à tout's les femmes
   Qu'il donne ses faveurs...
   Rapataplan, plan, plan, etc.

Tambour, halte! faites un dernier roulement pour rassembler le public! J'éprouve le besoin d'entrer avec lui dans tous les détails de la plus utile des inventions modernes!... (*Roulement de tambour. — Une foule de curieux arrive.*)

DUFOUR. Mais c'est un jeune mobile !...

LE MOBILE. Vous l'avez dit, bourgeois.

NOÉ. J'ai beaucoup entendu parler de vous, à une certaine époque...

LE MOBILE. Que me rappelez-vous?...

Air d'Arwed.

Qu'il est cruel pour un' premièr' campagne,
D'avoir d'vant soi des frères, des amis !
Ah ! quand j'y pens', tenez, l'chagrin me gagne,
Ne me parlez plus de ces jours maudits!
Ah ! pourquoi donc une armée étrangère
N'a-t-elle pas franchi l'Rhin, en c' moment?
Nous serions morts brav'ment à la frontière...
Le ciel nous d'vait ce dédommagement.

NOÉ. Savez-vous que vous nous avez effrayés d'abord, avec votre tambour.

DUFOUR. Nous pensions être à la veille d'une nouvelle journée de barricades, en entendant battre le rappel.

LE MOBILE. Les barricades? Allons donc ! il n'en sera plus question, désormais, avec mon appareil! Examinez-le bien attentivement! voyez comme c'est simple et portatif...

NOÉ. En effet.

LE MOBILE. Suivez bien mon raisonnement. Je suppose qu'une barricade formidable soit élevée là, devant nous ! des assiégés, du haut de leur rempart improvisé, font pleuvoir sur vous une grêle de balles ! Que faites-vous alors?...

DUFOUR. Je me sauve...

LE MOBILE. Du tout... Vous ordonnez à un régiment, porteur de mon appareil, de mouter à l'assaut! il s'avance lentement, à couvert par mon invention, qui se compose, comme vous le voyez, d'un chevalet, et d'un simple matelas bien rembourré, et à l'épreuve de la balle!...

NOÉ. Bon! après?...

LE MOBILE. Je vais faire le simulacre d'une attaque, pour vous donner une idée de la manœuvre! Attention! Vous figurez une barricade.. (*A Noé.*) Vous, une pierre de taille!... (*A Dufour.*) Et vous, une bûche...

DUFOUR. Moi, je suis la bûche?...

NOÉ. Mais...

LE MOBILE. Je vous attaque!.. (*A ce moment, le Mobile dresse sa machine, derrière laquelle il se place, ainsi que le tambour, qui, pendant cet exercice, ne cesse de battre la charge.*) Vous ne m'apercevez pas?...

NOÉ. Non...

LE MOBILE. Bien! (*Il monte au haut de sa machine, à l'aide de petits échelons, et ajuste Noé.*)

NOÉ, *criant.* Ne tirez pas!...

LE MOBILE. Cette arme n'est chargée qu'à poudre!..

NOÉ. C'est égal, vous pourriez nous blesser...

LE MOBILE, *lâchant la détente.* Pan! (*Le coup part, Noé et Dufour tombent à la renverse.*) Rendez-vous!... victoire!... (*L'orchestre joue l'air : La victoire est à nous!*)

DUFOUR. Quel massacre!...

LE MOBILE, *allant à Noé, qu'il relève.* Vous avez très-bien fait le mort...

NOÉ, *qui reprend ses sens.* Vous pouvez vous flatter de m'avoir causé une fière peur!...

LE MOBILE. Eh bien, qu'en dites-vous?...

NOÉ. Votre matelas est appelé à un succès pyramidal, surtout par le temps de révolution qui court...

LE MOBILE. Ah! ne m'en parlez pas!... Je suis accablé de demandes!... Les puissances étrangères m'ont toutes fait des commandes considérables!...

> AIR de la robe et les bottes.
>
> Il en faudra dix mill' pour la Russie,
> Et pour l'Autriche tout autant..
> J'n'ai pas d'command' pour la Hongrie,
> Et ça se conçoit aisément...
> D'vant l'Autrichien que la fureur domine,
> Le brav' Hongrois, qui ne recule pas,
> Fait un rempart de sa poitrine
> C'est plus solide encor que mon mat'las!

Je fais aussi des envois dans les départements... Tambour, roulement!... après quoi, nous irons continuer nos exercices dans l'intérieur même de l'Exposition!... (*Roulement de tambour.*)

REPRISE DE L'AIR.
L'enfant de la mobile, etc.

SCÈNE XIV.

LES MÊMES, hors LE MOBILE.

LE GÉNIE DE L'INDUSTRIE. Eh bien, mon brave homme?...

LE GÉNIE DE L'EXCENTRIQUE. C'est le moment de prononcer...

LE GÉNIE DE L'INDUSTRIE. A qui donnerez-vous la médaille d'or?...

... dam!... c'est embarrassant... Je vois, depuis le déluge, il n'y a rien de nouveau sous le soleil...

LE GÉNIE DE L'INDUSTRIE. N'importe, c'est moi qui dois l'emporter!

LE GÉNIE DE L'EXCENTRIQUE. Du tout! c'est moi qui l'emporterai!...

NOÉ. Voyons, ne vous emportez ni l'un ni l'autre, et laissez-moi réfléchir...

LE GÉNIE DE L'INDUSTRIE, *vivement.* Pour vous décider en ma faveur, permettez que je vous fasse goûter le plus mousseux de mes produits!.. mon champagne!...

NOÉ, *passant la langue sur ses lèvres.* Du champagne?... Ah! diable!... voilà que ça commence à devenir intéressant... (*Un guéridon chargé de bouteilles de champagne sort de dessous terre. Musique.*)

LE GÉNIE DE L'INDUSTRIE. Il faut que tout le monde en boive! pareil produit ne saurait être trop répandu!...

NOÉ. Du tout! je ne veux pas qu'on en répande!... (*On donne des verres à tout le monde.*)

LE GÉNIE DE L'INDUSTRIE, *débouchant une bouteille.* Gare là-dessous! bimm! boumm!...

LE GÉNIE DE L'EXCENTRIQUE, *à part, avec dépit.* Se fait-il mousser!...

LE GÉNIE DE L'INDUSTRIE, *versant à tous.* Goûtez-moi ça!...

NOÉ, *dont les yeux s'animent.* Hé! hé! hé! ça se laisse boire...

> ENSEMBLE.
>
> AIR : *Verse à pleins bords.* (Fil de la Vierge.)
>
> Ah! c'est parfait!
> Quelle merveille!
> Et quel fumet!
> Liqueur vermeille!
> Tu sais ranimer notre ardeur,
> Au poltron tu donnes du cœur,
> Tu seras pour toujours
> Nos plus chères amours!

NOÉ. Ma foi, j'en suis bien fâché pour monsieur l'Excentrique, mais l'équité veut que je décerne la médaille d'or à...

LE GÉNIE DE L'INDUSTRIE. Au champagne, n'est-ce pas? à ce véritable vin de Noé!..

NOÉ, *s'écriant avec joie.* Hein?... vous dites que c'est du vin de Noé?... Eh! mais, alors, je me la remettrai donc à moi même? car je suis Noé!...

TOUS. Noé!...

NOÉ. Oui, Noé! l'inventeur de la vigne! et j'espère que mon vin vaut bien vos *fours en terre cuite* et vos *bocaux de cornichons*... Et puis, avez-vous rien de comparable à mon arc-en-ciel?...

LE GÉNIE DE L'INDUSTRIE. Un arc-en-ciel?... Ah! ce n'est pas ce qui nous manque!... Voyez si celui-ci ne vaut pas le vôtre!... (*Musique. Le fond s'ouvre et laisse voir la statue de la République sur un piédestal, au milieu d'un trophée de drapeaux aux trois couleurs.*)

> AIR : *Un page aimait la jeune Adèle.*
>
> Cet arc-en-ciel devant lequel s'efface
> L'éclatante blancheur du lys,
> Avec orgueil, autrefois faisait face
> Au brillant soleil d'Austerlitz!
> Que l'auréol' n'en soit jamais ternie!
> Trop chèrement, nous l'avons acheté!
> Qu'il soit toujours pour la mère-patrie
> L'arc-en-ciel de la liberté.(*bis.*)

NOÉ, *anéanti.* Ils m'ont pris mon arc-en-ciel!...

LE GÉNIE DE L'INDUSTRIE. N'importe, je ne renonce pas à l'espoir de réhabiliter à vos yeux les produits de notre industrie!...

Air : *Ne raillez pas*, etc.
Honneur, honneur à l'active industrie !
En admirant ses chefs-d'œuvres épars,
On est surtout fier d'avoir patrie
Ce sol français, temple et berceau des arts.
De *Jacquesson* en buvant le champagne,
Examinez ses opérations ;
Dans ses caveaux, vrai pays de Cocagne,
Remarquez l'art jusque dans les bouchons.
Voyez plus loin les fruits en carton-pierre
Qu'offre *Mercier* à ses admirateurs !
On y mordrait ! tant le propriétaire
De la nature a saisi les couleurs.
Portez les yeux sur les jets d'eau de *Plasse*,
Et sur les fours à gaz de *Dobignard*,
Si les premiers sont sûrs de trouver place,
Pour les seconds on prend feu tôt ou tard.
De ces armur's où par bonheur les traces
Des ball's ennemi's ne se verront jamais,
La trempe est bonn', parc'que sous ces cuirasses
Doivent un jour battre des cœurs français !
Devant ces draps qui de mainte fabrique
Sont les produits si fins, si délicats,
Qu'on dise encor que notre république
A mis la Franc' dans de forts vilains draps.
Cet appareil, chauffage économique,
Est digne encore de votre attention ;
En achetant cett'marmit' mécanique,
Vous êtes sûr de boire un fier bouillon !
Avez-vous bien de ces objets en cire
Vu le travail et surtout la façon ?
Mais, démocrat', je dis qu'en fait de *sire*,
C'est bon à voir à l'Exposition.
Du grand Fattet, ce célèbre dentiste,
N'oubliez pas les râteliers nouveaux ..
Tout en parlant de râteliers, j'insiste
Pour que l'on voie aussi ceux des bestiaux !
Mais, avant tout, des sangsu's mécaniques (1)
Voyez l'usage et l'heureux résultat !
Les vrais sangsu's ont perdu leurs pratiques,
Et sont réduit's à se faire homm's d'état !
Honneur, honneur à l'active industrie ! etc, etc.

NOÉ. Allons, je vois que mes inventions du déluge ne sont rien à côté de ce déluge d'inventions !...

VAUDEVILLE FINAL.

LE GÉNIE DE L'INDUSTRIE.
Air *du vaudeville des Grenouilles*.
Puisque chacun prend,
Et jamais ne rend ;
Methode
Fort commode !
Empruntons,
Prenons,
Mais surtout, gardons,
Puis après exposons.
TOUS.
Puisque chacun prend, etc.
LA POMME.
On expose des chaussons
Pour femm's et pour hommes; (bis en chœur)
Moi, j'n'aime, en fait de chaussons, (bis en chœur)
Qu' les chaussons aux pommes.
TOUS.
Empruntons, etc.
LA BOUQUETIÈRE.
D'vant chaqu' produit, maintenant,
On met, et pour cause,
La femme de l'exposant ;
C'est ell' qu'on expose.
TOUS.
Empruntons, etc.
LE MARCHAND DE SAVON.
D' montrer des baquets, des seaux,
Qu' les exposants s' gardent !
Car je trouv' que les plus sots
Sont ceux qui les r'gardent.

(1) ALEXANDRE, 6, passage de l'Entrepôt, au Marais.

TOUS.
Empruntons, etc.
L'HORLOGER.
Faut voir comme à l'exposi-
Tion l'on se presse !
Là du moins on a la li-
Berté de la presse.
TOUS.
Empruntons, etc.
LE MONSIEUR DE LA PORTE.
Nos r'présentants pleins d'ardeur,
Se dis'nt : Plus d' souffrances,
C'est l' moment d' montrer du cœur ..
Prenons nos vacances.
TOUS.
Empruntons, etc.
GRINCHET.
Destin ! quand finiras-tu
Tes métamorphoses ?
L' gardien d' Paris a vécu
Ce que viv'nt les roses.
TOUS.
Empruntons, etc.
DUFOUR.
Partout la musiqu' se met,
Tout s' fait en musique ;
Je n'sais c' que ma femm' voulait
Que j' fisse en musique ?
TOUS.
Empruntons, etc.
LA JALOUSIE.
Les *lits* portatifs ne sont
Pas exempts d' reproche ;
Bien des locatair's mettront
Leur lit dans leur poché.
TOUS.
Empruntons, etc.
LE MOBILE.
Mon mat'las ne mérit'ra
Jamais vos attaques ;
Car s'il sert un jour, ce s'ra
Contre les cosaques.
TOUS.
Empruntons, etc.
LE BOUVIER.
Mes bœufs dorment à leurs rangs,
Ou bien font tapage ;
Que d' gens qui, pour vingt-cinq francs,
N' font pas davantage.
TOUS.
Empruntons, etc.
NOÉ.
De tout c' qu'on expos' là-bas,
C' qui l' plus mal se classe,
C'est les assiett's... quant aux plats,
Ils sont tous en place.
TOUS.
Empruntons, etc.
LE GÉNIE DE L'ESTHÉTIQUE.
L' monde est dans un triste état,
Maint danger l'assiége ;
Rome a vu l' siég' d'un état,
Paris l'état d' siége.
TOUS.
Empruntons, etc.
LE GÉNIE DE L'INDUSTRIE, au *public*.
Messieurs, que votre jury
A son tour nous juge ;
Fait's que de bravos ici
Ce soit un déluge.
CHOEUR.
Empruntons, etc.

FIN.

Imp. Dondey-Dupré, rue Saint-Louis 46, au Marais.

www.ingramcontent.com/pod-product-compliance
Lightning Source LLC
LaVergne TN
LVHW012201170726
843503LV00009B/4309